Los ratones

Lori Dittmer

CREATIVE EDUCATION

semillas del saber

Publicado por Creative Education
P.O. Box 227, Mankato, Minnesota 56002
Creative Education es una marca editorial
de The Creative Company
www.thecreativecompany.us

Diseño de Ellen Huber; producción de Dana Cheit
Dirección de arte de Rita Marshall
Impreso en los Estados Unidos de América
Traducción de TRAVOD, www.travod.com

Fotografías de Dreamstime (Anyaivanova, Fifoprod), iStockphoto (anyaivanova, bloodua, bozhdb, bridge99, CreativeNature_nl, DamianKuzdak, faslooff, GlobalP, hardeko, irin717, JamesBrey, JoeZellner, maxximmm, Pakhnyushchyy, rdegrie, Kuttelvaserova Stuchelova, timnewman), Shutterstock (IrinaK, Szasz-Fabian Jozsef)

Información del Catálogo de publicaciones de la Biblioteca del Congreso is available under PCN 2018931022.
ISBN 978-1-64026-091-7 (library binding)

9 8 7 6 5 4 3 2 1

TABLA DE CONTENIDO

¡Hola, ratones!

Los ratones pequeños son **roedores**.

Viven en los campos, bosques y patios.

Muchos se meten en las casas.

Los ratones peludos tienen colas largas.

Las colas no tienen pelo.

Sus dientes afilados ayudan a los ratones a roer la madera.

Los ratones generalmente son marrones o grises.

Algunos son blancos.

Viven en grupos familiares.

A los ratones les gusta comer semillas y fruta.

Y mordisquearán casi cualquier cosa.

A las crías de ratones les llaman "pinkies" (meñiques).

Les crece el pelo unos días después de nacer.

Los ratones están listos para tener sus propias crías en aproximadamente dos meses.

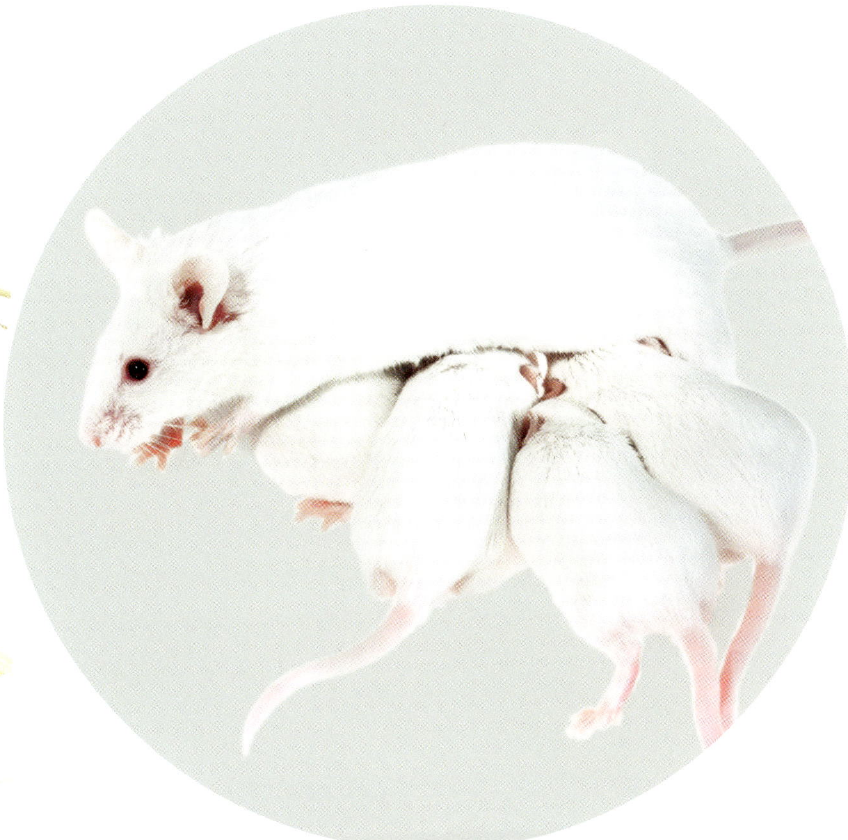

Los ratones cansados duermen mucho.

Roen para hacer agujeros.

Se meten
por espacios
muy pequeños.

¡Adiós, ratones!

Dibuja un ratón

orejas
bigotes
dedos del pie

Palabras que debes saber

roedores: animales pequeños y peludos cuyos dientes frontales nunca dejan de crecer

roer: morder o mordisquear algo

Índice